Japón

Grace Hansen

PAÍSES

Abdo Kids Jumbo es una subdivisión de Abdo Kids
abdobooks.com

abdobooks.com

Published by Abdo Kids, a division of ABDO, P.O. Box 398166, Minneapolis, Minnesota 55439.
Copyright © 2020 by Abdo Consulting Group, Inc. International copyrights reserved in all countries.
No part of this book may be reproduced in any form without written permission from the publisher.
Abdo Kids Jumbo™ is a trademark and logo of Abdo Kids.

Printed in the United States of America, North Mankato, Minnesota.

102019

012020

 THIS BOOK CONTAINS
RECYCLED MATERIALS

Spanish Translator: Maria Puchol

Photo Credits: Alamy, iStock, Shutterstock

Production Contributors: Teddy Borth, Jennie Forsberg, Grace Hansen
Design Contributors: Dorothy Toth, Pakou Moua

Library of Congress Control Number: 2019944038

Publisher's Cataloging-in-Publication Data

Names: Hansen, Grace, author.

Title: Japón/ by Grace Hansen

Other title: Japan. Spanish

Description: Minneapolis, Minnesota : Abdo Kids, 2020. | Series: Países

Identifiers: ISBN 9781098200916 (lib.bdg.) | ISBN 9781098201890 (ebook)

Subjects: LCSH: Japan--Juvenile literature. | Japan--History--Juvenile literature. | Asia--Juvenile
    literature. | Geography--Juvenile literature. | Spanish language materials--Juvenile literature.

Classification: DDC 952--dc23

Contenido

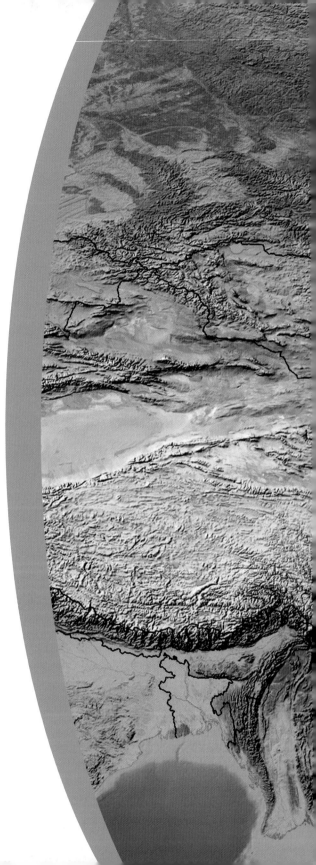

Japón

Japón es un país insular en el este de Asia. Está rodeado por el océano Pacífico.

Rusia

Mongolia

Asia

Corea
del Norte

Corea
del Sur

Japón

China

océano
Pacífico

5

Casi el 73% de Japón son bosques, montañas o son zonas difíciles para vivir. De ahí que alrededor de 127 millones de personas vivan en el 27% del territorio del país. Eso hace que Japón sea uno de los países con mayor densidad de población del planeta.

Ciudades importantes

Alrededor de 14 millones de personas viven en Tokio, la capital de Japón. El *Skytree* de Tokio mide 2,088 pies de altura (634 m) y desde él se puede contemplar todo Tokio. ¡Es el edificio más alto de Japón!

Kioto fue en su momento la capital **imperial** de Japón. Aquí se encuentra el palacio imperial. Éste era el lugar desde donde gobernaban los **emperadores** de Japón.

11

Hoy en día Kioto cuenta con 1,600 **templos budistas** y 400 **santuarios sintoístas**. Kiyomizu-dera es un templo budista. Para construir la plataforma del salón principal no se usó ni un solo clavo.

13

Geología y geografía

Japón tiene 110 volcanes. El monte Fuji es un volcán **inactivo**. Es el punto más alto en Japón con 12,389 pies de altura (3,776 m).

La diversa geografía de Japón ofrece una gran variedad de climas. El país tiene de todo, desde playas de aguas cálidas a picos de montañas nevados.

17

Plantas y animales

¡Japón tiene una gran cantidad de plantas y animales también! Los cerezos florecen a principios de la primavera.

Hay alrededor de 130 tipos de mamíferos en Japón. Los macacos japoneses se bañan en las aguas termales de Nagano.

Lugares impresionantes de Japón

Gran buda de Kamakura
Kamakura, Japón

Castillo Himeji
Himeji, Japón

Cruce de Shibuya
Tokio, Japón

Dunas de arena de Tottori
Tottori, Japón

Glosario

budista – quien sigue las creencias del budismo, religión creada por Buda por el año 500 antes de la era común. Promueve la libertad desde el interior de uno mismo y sus propios deseos.

emperador – gobernante varón de un imperio.

imperial – relativo a un imperio o un emperador.

inactivo – con referencia a los volcanes, sin actividad temporalmente.

santuario – lugar u objeto santo, dedicado a un dios o una personalidad sagrada.

sintoísmo – religión importante en Japón. Los seguidores del sintoísmo veneran a los antepasados y a la naturaleza.

templo – edificio o lugar donde se venera a un dios o dioses.

23

Índice

Abdo Kids
ONLINE
FREE! ONLINE MULTIMEDIA RESOURCES

¡Visita nuestra página
abdokids.com para tener
acceso a juegos, manualidades,
videos y mucho más!

Usa este
código Abdo Kids
CJK5526
¡o escanea este
código QR!

24